SOU MULHER SOU

poemas de descoberta
paixão desejo amor
esperança confusão
vida e começo

©Phillip Reese, Felipe Reis
Publicado pela primeira vez em 2012 em Inglês
com o título I AM A WOMAN I AM na altura com o nome JF REIS.
O autor é Britânico e mudou de nome legalmente.
Phillip Reese é o nome literário e artístico (pintor e trabalhos digitais).
Este livro está disponível na loja Kindle
na Amazon Espanha e outros países, em websites
com o mesmo nome, seguido da WWW, indicativo do
país. Nem todos os países promovem o livro. As imagens
neste livro bem como o título, subtítulo, legendas ou legendas, e
textos associados, têm todos os direitos reservados.
Nenhuma parte deste livro pode ser reproduzido
sob qualquer forma, utilizando qualquer meio tecnológico
sem a aprovação prévia do Autor.
ISBN: 9781712911617
Esta edição foi baseada no livro POEMS RIDING POEMS
que, comparado com título I AM A WOMAN I AM,
inclui vários poemas novos.
Com o fim de poupar espaço, os poemas,
em vez das páginas, são numerados
.

O passado
é um país estrangeiro
Onde as musas
e velhos amigos
vivem.

Os nomes das musas

Jean
(vários poemas de exaltação, os HAIKUS,
e vários de conteúdo adulto, subtis no entanto)

Astrida
(um poema)

Yutta
(uma amiga a divorciar-se com muitos poemas de apoio)

Ike
(dois poemas de apoio)

Elizabeth de Greenwich e filho
(um poema)

Mary Ann de Seattle
Rreviu todos os poemas em inglês
(o poema número 80 é a dedicatória original,)

Rodica
(a maior parte dos poemas frustrados, paixão, descoberta, esperança, etc.
refletindo uma amizade colorida que perdura desde 1997)

À Rosa Mendonça,
que colaborou na tradução para Português
dos meus poemas em Inglês.

SOU MULHER SOU

**PHILLIPE REESE
FELIPE REIS**

Existe
Num armário
Posto de lado
Escondido
Um livro de amor

Lá
Manifestamente livre
Editado
Dito e vivido
Publicado
Atos da vida

É a ideia de amor
O outro, a outra
Palavras e vestígios
Deixados depois

São
Vírgulas e pontos
Momento reescritos
Sinais queridos de morrer

Mais longe
Alfinetados nas paredes
São ritos de passagem
Sins e Nãos
Crescendo, medrando

Oh aquele tempo vivido
Sombras estáticas
Instantes de amor
Tu e eu, ambos
Ardentemente legível
hoje
Amando amanhã.

E uma vez
Passado e Futuro
Trocados ao nascer
Sonolentos de longe
Flutuaram
Foi um passeio eterno
Uma tábua de salvação.

Tanto tanto
Para palavras e páginas escritas
De amor e desejo.

Poetisa
Minha suave galante amiga

Que alma
Nesta manhã assombreada
Cobre o horizonte
Com raios do levante?

Oh

Aquelas palavras estendidas
Pesquisando estas mãos livres
Minhas
Somente minhas

Palavras cristalinas
Preságios de luz

Fulgente

Esta descoberta da noite

Oh

Olhos meus
Que fizeste deles?

Rolando inquietos
Ainda por jogar

E este véu
Cobrindo o berço original
Estes sentidos desarvorados?

Uma pétala

Minha
Sem-par

Uma gota
Nosso sangue

Ambos criados
Seduzidos

Oh

As minhas palavras de ti.

3

Vento suave
Misturando lágrimas de feno
Caminhos de calor
Desaparecendo

Esvanecendo
Água quente da chuva
Pétalas em pleno Inverno
Raios resplandecentes
Árvores longínquas
Na luz

Leste meu Leste
Difuso Leste
Em que dia trepaste a colina

Em que caminhada
Ronca agora o teu coração?

O arco-íris
Afastando-te da minha luta
Cores radiantes

Vestindo-te
Ataduras de mim.

4

Quando deixado sozinho

Para crer

Um vestígio
Um vagar
Um canto

Um quadrado retangular

Uma igreja

Eu vesti um guarda-chuva
Virado ao contrário

As estrelas daquele momento
As coisas vazias das coisas
Os lugares deixados no escuro
Caindo

Revirados
Passando agora mesmo
Por detrás.

5

Entre duas palavras
O mundo inteiro
Mirrado, rude

Era um Sim ou um Não
Sim no coração
Não na mente

Dor e desespero
Somente

Fora do esplendor
Manteve
Uma porta entreaberta

Paz
Repulsa de amor
Paixão
Exaltação do nada

São lágrimas da Terra
Emprestando corpos à vida

Esperança
Liberdade
Futuro

Nada digas
Seja seja um ténue Não

Seja um Sim

Solto
Finalmente

6

Bom dia tiquetaque
Pouco a pouco
Dentadinha a dentadinha
Beijinho a beijinho
Um dia mais
Um dia
Um dia menos para cuidar!

7

Dormi, e aos depois
Acordei com o meu coração batendo vivamente

Nas tuas mãos!

8

Bom dia, mulher matinal

Ouvi a tua viatura
Teu coração
Teu motor

Passando em baixo
Na rua
Desaparecendo lá longe
Escurecida

Rotinas do despertar
Direções entontecidas
Para além de linhas ténues por escrever
Páginas vazias de mapas da cidade
Vozes eletrónicas de satélites desarrumados

Não importa

Sem sentido
Sem fim
Ouvi uma pancada no meu peito.

Quem foi?

Foste tu?

Tenho medo de perguntar
Não foste tu!
Tu, não.

Foi o teu coração
Teu desejo

O teu convite
O teu sorriso

P'ra navegar, criar e amar.

9

Oh Deus meu
Dia radioso

Maravilha

Quente nos nossos corações
Fraco nos nossos fins

Forte
Atrevido

Certamente um sonho

10

Raio do Sol
Sombra

Qual dos dois vencerá?

O Astro-Rei
Erguendo o sótão da vida

A sombra
Arrastando-se no chão?

Mas tu não podes tão-somente caminhar
por dentro das nuvens
Enquanto elas correm e voam

Ou

São elas apenas castelos no ar?

Tanto
Para pouca água em gotas minúsculas.

11

O dia
Uma laranja
Uma maçã
Apenas um dia
Um livro
Um lápis

Somente um dia
Como um outro qualquer
Talvez mais velho
Talvez mais jovem

Apenas um dia
Arejado, amadurecido
Ilustrações do coração
Pontas aguçadas da vida.

Recita devagar
Desinibida
Fiadas do teu espírito
Minha amiga
Desnuda
Minha amante
Paixão insinuante

12

Qual é o melhor dia para te ver?

Hoje
Nesta manhã querida
Tanta recusa e medo
Sem manhas

Ou uma amiga
Uma cama
Um toque
Que só tu iludes sentir?

Quem vê
Tu bem sabes
E como.

Diz-me quando
Sabendo-te longe minha jovem amante
Esperando

Tão próximo já é
Este arriscado setembro
De olhos acordados
Bem abertos

Se ainda recordas
Este nosso dia
Atrevendo-te
A não ser
A não sentir

Diz-me sem jeito agora
Se ainda és
Se ainda amas
Este novo dia?

13

Bom dia amor.

Como te sentes hoje?

Fantástica?

Que estrela te ama ainda mais
Nesta manhã?

14

Santo Universo
Fantasia da natureza
Que a batalha comece
Dia após dia
Horas sufocando minutos
Segundos cobrindo momentos
Desordem, um trapo, um tapete
Caindo sobre nós, sobre ela
Exames de As e Bês
Batalha combatida, perdida
Guerra por viver e vencer

Sem mártires!

15

Ouvi o teu coração
Tua mão seguindo meu olhar

Tempo

Que desaparece tão depressa
Como água chapinhada nos nossos corpos
Gotas afogando poros acordados

Olhos nos olhos, perdidos

Almas flutuando vencedoras
Sonhos de futuro

Lágrimas

Lágrimas de alegria.

16

Meu coração palpita
Como tijolos e argamassa fresca

Foguetes e petardos
Torrentes e tamborins
Sonoros

Mas um sorriso
Um simples apertar de mão
Um momento perfeito
Já visto

E tudo será
Naturalmente
Apenas
Um fenómeno.

17

Tempo
Dia Ano
País Continente
Bar Café Planeta
Sol Estrela Galáxia
Estrada Junção
Universo
Alma Espírito
Corpo
Mente

Amor

18

Guardarei teus desejos
No meu coração solitário

Por toda uma eternidade
Contra todos obstáculos do mundo.

Esquece as palavras
Que param paixões

Deixa o voo do amor
Reencontrar

Esses teus momentos de solidão

Teus olhos fechados
Tua boca penetrante

E o teu espírito de amar.

19

Bom dia amor

Silêncio suave
Seguro
Maravilhoso

O som da manhã

És tu

O meu despertar matinal?

20

Beija a montanha

Cingida
Pelo rio transbordando

A tempestade
Reflectida nas águas
Plácidas
Sombrias

Mostrando ao longe
Duas crianças vagueando

Que sonharam
A vida toda
Que voariam.

Abraçadas
Pelo ciclone
Girando numa espiral

Levantaram voo
Neste instante
Alcançando anónimos o Rei Sol

E encontraram
Lá em cima uma luz

Brilhante

Era uma Senhora

Sentada no firmamento

Calma, atenta
Serena

Minha forma ágil
Sonho embalado

Boa noite estribilho
Boa noite refrão.

Tradução livre do poema em Inglês

My Jazzy Dreamware
Night Night Sound Bite

De maneira alguma
Te ensinei

De maneira alguma
Fui assim tão longe

De maneira alguma
Sou mais do que tu és

De maneira alguma
Aprendi menos ou mais

Todos os caminhos
Estavam ali

Refletidos

Todos, sempre em mim

Sempre em ti.

23

A minha vez
Ainda é a tua vez

Meu amor
Meu coração

Quem mais senão tu podes acalmá-lo?

E outra vês o tempo
Sim, o nosso tempo
Novidade tardia para mim, para ti

Este momento tão desejado, agora e então
Quando tu és eu, quando eu sou tu
Este nosso tempo

A maneira como somos agora
Antecipação da temporada de amor

Uma flor num cesto entrançado
Importado antes da Primavera
Ainda fora do nosso passado

Oh! Desejando-te sempre, descoberta
O teu poder, novo, reencontrado
A reinvenção da nossa vida

Aqueles espaços deixados atrás
Para além das batalhas d'amanhã
Almas liberadas, olhos fechados, mergulhando

Corpos estirados sem fronteiras

Dorsos tensos, recurvados
Cavalgando soltos em nós mesmos
Expostos, desprendidos, sem limites

Sempre o nosso tempo

Esperança para nós, agora
Esperança para nós, amanhã.

24

Caminho com os meus olhos fechados
Tuas palavras martelando os meus passos
Um urso vermelho distanciando-se de mim
Cadenciando a minha marcha vagarosa
Carros apressados, nunca em demasia

Meu coração, sim

Ainda envolto no teu beijo de adeus
E de boa noite.

25

Como posso pintar
Quando tudo o que me envolve
É o teu perfume
O suave sabor dos teus lábios
E os meus olhos fechados vendo-te aqui?

26

Quando é que
Mais
Nunca é demais?

Uma grua assaz pequena

Uma calçada onde marcho
Crescendo dia após dia

O Inverno desistindo

Para uma flor d'amanhã

Não, gosto meu, só tu sabes

Acontece sempre
Quando despertamos cedo
Quando o orvalho
Penetra fundo as nossas peles

Quando cada gota
Que cai no soalho
Polindo os nossos corações

Quando cada nova ruga
A noite dos nossos rostos
Se transforma numa raiz
Adentro do futuro.

27

Tristeza pela Arte?

Não

Um poeta nos teus braços.

28

Chora meu amor

Chora

Deixa passar estes dias de horror
Dias de amargura

Chora meu amor

Deixa o teu coração lançar os dados
Teu rosto procurar o meu

Uma alma à beira da escuridão

Eleva-te, sê brava meu amor

Sorri

São dias de esperança

De alegria

Sorri meu amor

29

Ela

Tão moderna
Tão lá
Tão mulher

Nunca por detrás
De paredes silenciosas
Escorrendo lágrimas secas.

Ela é somente
Um coração aprendendo.

Assim é ela
Vertical, mesmo à sombra

Linda na luz
Mergulhando no futuro
Sem medalhas
Somente uma vida nova.

Ainda

A mesma mulher
Completa

Feliz
Perdida ou não.

30

Soldado do Universo
Filho da natureza

Qual é o teu segredo
Astro-Rei?

Transformas o meu dia

Acordando-me
Sempre
Sempre
Tão nobre

Como é possível combater-te

Quando trazes contigo
O teu esplendor
Suavizando o meu ser

Um sonho branco radioso
Uma neblina delicada
Rosada

Cobrindo
O horizonte
Desta tua terra.

Fuga de ti - 1

Meu coração acorda
Gélido cada manhã.

A derradeira gota
Esquecida
De orvalho matinal
Não consegue mais
Inflamá-lo em chamas.

Meu coração é
Um pedaço
De uma costela
Largada
Esquecida
Na noite passada

Rejeitada mais de uma vez
Por carniceiros
Cães-pastores
E lobos assediados.

Quando num passado distante
Eras só tu e
Esperanças douradas.

Meu coração agasta-se
De proezas escuras sofrendo
Dilacerado à parte

Nas chamas do inferno

Ou
Sorte minha

Cantigas do paraíso.
Mesmo quando
Esse coração
Era somente e apenas
Uma amiga
E companheira.

Meu coração é novo
Em esperança
Velho em suplicação

É uma peça antiga de joalharia
Envelhecida
Chorando
Olhos fechados
Por uma paz
Eternamente esquecida.

Mas como?

Deixa-o falar!

Se ele ainda se alimenta
Destes outros corações.

Fuga de ti - 2

Será que
Estou a sugar a tua vida
Coração
De vampiro sem sangue

Ou és rola pura
Virgem inocente?

Ou

És tu
O último arquejo
Dum faisão extinguindo-se

De um horário,
Debruçado sobre vidas
Deitadas fora

Dois, três seres,
De almas castas
Agora retorcidas?

Não!

É a força do redimir!

Grito

Traz-me o teu poder livre
Despenhando-se

Do Paraíso à Terra
Da Terra ao Inferno
Da Bruxa à Mulher

32[1]

Deixa-me arquear
As minhas sobrancelhas
Para ti,
Sombra minha

Enquanto fores um sorriso
Forçada na luz distorcida

Dá-me a noite mais escura,
Tanto como for possível
Invisível aos meus olhos

Mas pura e limpa
No meu coração.

33

Em dias de alvoroço frio
Um sorriso de uma criança
Procurando o teu olhar
O chilrear de um passarinho

---

[1] Poemas 32 e 33 foram criados para apoiar Ike, uma amiga Holandesa muito Inglesa, que passou meses no hospital com cancro. Ela sobreviveu. Durante esse tempo formou-se *online* um largo grupo de apoio que ela nutriu e manteve de perto. Um destes poemas foi publicado na Holanda (assim ela me disse, mas não sei aonde).

Mudando de tom para ser ouvido
Esperançosamente uma visita
Trazendo-te calor
Que podes guardar

E assim que eles partirem

Raios solarengos
E um cobertor morno

Debruado de linho seco

Cada ponto
Feito de paz.

34

Escorregas no escuro
Formas preenchendo espaços vazios
Auréolas pessoais, polidas
Pesos bem aferidos
Desejos e sentires
Quedas entorpecidas

Respiras

O ar fresco da madrugada

Antecipas a multidão
Desvias as margens do Tamisa

Escapas
Silêncios de desertos
Dançando danças de pecado...

Artista
Mulher
Musa
Aroma
Amiga

Tu!

35

Sonhos de ti
Fada do meu dente
O teu rosto velado
Tuas mãos nuas algemadas

Adivinhei esta manhã
Não sei como

Que traria
Antes do almoço
Para casa
Um dente
No meu bolso

Ambos livres de ti

Finalmente.

36

A minha musa morreu esta manhã

Não ossada
Não carne
Alegrando escuridão

Sombras frias
Ensombrando almas

Medos
Parando correrias

A minha musa
Definhou

E liberdade não é mais.

37

Observo-te
Meus dedos na tua pele nua
Desenhando formas de prazer
Um rodopio no teu coração
Sonho da noite passada.

38

O meu coração convoca o teu

Rogo-te ajuda
Minha amiga
Para reencontrar
A alma em descanso

E o lugar
Onde amor é verdadeiro

Onde é livre
Das nossas tempestades

Haja amizade fiel
Solta dos nossos medos

Onde pudermos estar de pé
Despidos

Batalhando por ser.

39

Amarra o tempo
Com arame mágico

Ata dois momentos felizes

Um vivido
O outro ainda por viver

Um já velho
Ainda seguro no teu coração

O outro novo
Presente aqui
Ambos vivos

Ambos
Uma prenda.

40

Diz-me e
Modela uma palavra se puderes

Feita de lágrimas e raios luminosos
E diz-me porque é que elas se derramaram
Em tristes ou felizes aniversários?

Diz-me que forma decidida tomas
Quando fechas os teus olhos

São essas as tuas asas, leves, generosas
Assim como é o teu coração
Latejando?

Diz-me

Será que ainda estás
Cantando
Palavras de criação

Uma nova vida
Trazendo

Pouco a pouco,
Uma doce antecipação?

Diz-me.

Página a página
Linha a linha

Palavras a vagar dentro de nós

Uma amizade dada
Uma âncora no coração
Prenda incalculável
Sentimentos também.

Será que um comprimido para adormecer
Pode ser parte de um poema?

Sim, se não me parar de sonhar.

Levantei voo pelos céus afora
e
Olhando para cima e para baixo

Não vi muito no lado de cima

Um rosto quente
O Sol matinal

Mas lá em baixo, bem apressada
Vi-te desparecendo na garagem

Vestias jeans e casaco comprido
E ao teu lado
Tinhas uma saca do dia-a-dia

Despejaste os teus segredos
Sobre a capota do carro
Momentos antes de partires
Pelas estradas rurais

Procuravas as chaves
Da liberdade e amor
Enquanto punhas em ordem
Pensamentos enredados.

43

A hora de ponta
O tempo perdido
A janela aberta

Um papagaio de papel
Esquecido no teu caminho

O vento
Acariciando o teu cabelo
Verdi
Chamando os deuses para o palco
E eu paro
Por um momento
A pensar em ti.

44

Minha amiga
De olhos inteligentes
Deslumbrantes

Reserva-me
Parte
Do teu tempo de sonhar

Sentar-me-ei

Tranquilamente
Aos pés da tua cama

Cortando fresca
A sombra obscura
Estrelar

Minha mão
Sem pressa
Acariciando
O teu cabelo

Feito de feno
Cortado num prado
Na madrugada

Vejo na tua testa gentil
Renascer solitária
Uma nova liberdade

É o teu coração
Palpitando

Ansiando
Vidas orvalhadas.

Cada
Novo dia
Cada

Nascido da luta
Entre a sombria
Meia-luz do crepúsculo
O desejo cruzado
Do teu coração ardente
E o dia
Pulsando
Brilhando
Para nada.

É um feliz
Despertar

Os teus olhos
Abrindo
Indo

Ao encontro da luz.

45

Sente os meus dedos nos teus lábios
Olhos no teu coração
Sonhos debaixo da tua almofada
Asas cobrindo o teu corpo
Esperança no teu sorriso.

46

Sentes-te melhor?
Olhos despertos
Memórias sorridas
Momentos despedaçados
Corações acariciados
Passos de vida
Almas companheiras.

Esperando, encontro
Domingo, juntos.

47

Quando a manhã é
Subitamente interrompida
Pelo vento passando
Através de árvores frondosas

E as chamadas do passado
Levam-nos em admiração
Onde o coração
Dorme livremente

Onde o pipilar dum pássaro celestial
Cobre o silêncio do futuro

Haverá uma canção
Quebrando o molde do presente
Trazendo-te aqui

De volta à vida
Num momento.

Mulher
Traz-me a pessoa que és

Diz-me
Que nome dás à inocência

Conta alto
Quantos mais dias queres ser
E quantos mais cheios foram
Deixados para trás

Diz-me
Quantos ainda
Por viver
Em amores recusados

Quantos sonhos
Cruzarão as tuas noites
Se serão
Assombrados por lutas
Alucinadas em vão

Ou curados
Por esperanças sem mando

Quantas suposições
Atrairão um sorriso ao teu rosto

Se te encontrarás forte
No fim de uma
Amarra confusa

Antes do anoitecer
Num deserto ermo
Ou
Num clarear
Não anunciado

Recita-me
As anedotas plantadas
No teu jardim da frente

Alinhadas obliquamente
Num losango apertado

Imitando
Um mosaico Espartano

Esperando florir
Ao som
De uma concha entreaberta

Diz-me

Se és realmente
Jovem

A que distância
Te levará o teu mundo
Segura na escuridão

Diz-me o que precisas
Que livro escreverás

Finalmente
Diz-me

Que amor eleito
Te fará
Mulher terna
Eternamente.

49

Saudação
Viajante da luz

Flor dos motores
Uma visão

Mãos atrevidas
Lábios em fogo

Sem avarias pelo caminho
Sem estória

Sem pecado
Não é sinal
De estrada da vida

Mas juntos
Tu e eu
Parqueados à noite

Pura energia
Perscrutando rostos

Danados
Sem lugar
Para mudar de faixa

Os dois envoltos
Cerrados em nós mesmo

Cruzando junções
Altas e cheias de sombras

Ambos solteiros
No oceano das estrelas

Jornada infindável
De perto ou de longe

Todavia
Parando
Debaixo das raízes do desejo.

Um viaduto
Atando as mãos
Apagando
As chamas sem jeito.

Errante

És brilhante, onde está o teu esplendor
Escondido nos ermos dum ilhéu
Coberto de linhas sombreando a pele
Porque é que pensas que é melhor viver no limite
A não ser encontres obsessões na escuridão
Desafios na claridade?

Pensas que salpicando areia no ar
Parará os teus olhos vendo?
Deixa o dia de ondas recurvadas
Quebrar dúvidas no paraíso alheio
Sem beber, sem cor, disfarçada
Traz vida, tragédia, nada sem jeito.

Ah! Comédia de amantes e sonhos
Uma vez jovem, agora esquecida, arruinada
Despacha-as, essas canções, traz-nos velho, novo
Tenta o mundo, tenta o teu amor
Chama-me, o nosso, tudo, para sempre, e tu
Para ti, apenas, escreverei agora um novo dia.

Uma partida-criação, a lua
Ideias loucas, um irmão, uma irmã
Não há tetos cobrindo a tua espécie
Tu e só tu, amostra crua
Sem ideias, sem rumo, sem dar
Amantes sem arte, somas sem altura.

Escolher, não, destino do poderoso
Fugir velha, agarrar jovem
Tu és nada, só passado

Velho dizes é o novo,
Vestes-te de vida sem pele
Tu, amostra de mim mesmo
Descendente, sem espelho
Jovens, o poder jovem, aos teus pés.

Desaparece, vem, atreve-te em mim
Olhos nos olhos
Loucura emanada em cada um de nós
Não interessa, mas cair, ser
Eu e tu, no alto, lá longe, como se previa
Cadeia de correntes, ferros de agonia

Atreve a predizer amor enferrujado
E canções e hinos
Que só tu e ele, eu
Ouvimos

Morrendo... sem ordem, sem sentido
Paixão... sem rendição, sem farsa
Sê o que nunca sonhaste ser.

Sem ternura
Sem barro de moldar
Sem sangue
Somente gotas de mim, gotas de ti
Que caias fulminada
Não podes comprar

Juventude
Não está à venda

A alma do vento
Enchendo três velas
Passando de perto
Caiem
Adormecidas
No teu rodapé

Tocam tons
Sons vermelhos
Apimentados

Uma boneca
Google-pesquisada

Uma criança
Coroando
Janelas abertas

E pé ante pé
Desarticulados
Apresento

Um dois três

HAIKUS

Criados
Até
Ao momento.

HAIKU I

Loucura no mar,
Ardente Irlandesa, sim
O mundo, não um pouco

Traduzido do Haiku I em Inglês

Craziness ahoy,
Ebullient Irish, yes
The world, not a bit.

HAIKU II

Chamas no meu coração
Floresta em espanto, a flor
Que caminho para nossa cruz?

Traduzido do Haiku II em Inglês

Flames in my heart,
Forest in awe, the flower
Which way to our cross?

HAIKU III

Dias remoendo passando
Datas tocando velas de longe
Luz na noite

Traduzido do Haiku III em Inglês

Milling days passing,
Dates touching sails afar
Light in the night.

53

Quando amor é amado
Uma hora, dois segundos completos
Dias vadios, como água num canal
Dois patinhos cor de laranja, a passear
Indo e vindo, deslizando
Em sombras caídas, verde-negras.

Alcançar de longe, perdidos
E criar noites, assaz claras
Sorrisos correndo em cada um
Abrir sabores de pasmo
Refazer cada dança deslumbrante
Nada restando no fim

Tu e eu
Somente.

Entretanto, vendo-nos ao espelho
Até que nos tornámos um só
Única maneira de podermos ser
Tanto... tanto e ainda sendo.

Uma palavra para nós
Vida

Uma palavra só nossa
Paixão.

54

Sláinte[2]

Ah mulher segurando ardentemente minhas mãos
Sláinte quando nossos Merlots se encontram
Arrojando os olhos azuis dentro dos meus
Dedos em fogo sentindo-se completa
Corpos atrevendo-se intumescidos
Despertando atenções inoportunas.

Ah mulher de desejos sensuais
Acordando memórias de encontros imaginativos
Revelações de prazeres de tempos passados
E regras de amor - publicadas eletronicamente.

Um mamilo rosa, entrada deliciosa
Bocas selando avidamente o encontro
Meu primeiro sabor dela, néctar sublime

---

[2] Sláinte –Irlandês (Saúde, bebendo à saúde)

Olhos nos olhos levando-a ao apogeu.

Ah, a revelação primaveril até então oculta
Quando os jeans abertos mostram a sua beleza
E o passado foi totalmente apagado para trazer
O momento, o zénite, o crescendo ereto
Entre dois tragos quentes
Cafés
Em dois distantes 'Café Rouge'.

55

Prometi estar contigo
E aqui estou

Ah, aquele cintilar

A mulher que saiu no momento
O aroma dela ainda permanecendo
O último movimento da cabeça
O queixo, ah... o queixo... erguido, sempre erguido

Não faz frio

Os olhos dela piscam duas vezes, talvez mais... quantas?

O Sol?

Não morreu, rendeu-se
E com ele
O mundo todo.

Aos pés dela!

56

E o refúgio?

Onde encontrar esses braços meigos
Envolvendo-o num desejo incandescente
Passos escuros descendo e subindo
Trazendo sumos de sorrisos
Sabores de amor e seda
Dias de rosa
Espelho de água verdejante
Línguas apimentadas
Em corpos inocentes?

É livre
Não tem por onde julgar
Será que foi corrompido

Tanto
Para confiança perdida
Seiva refreada
Sangue frio.

Dando tudo, sim
Mas sentindo menos

Não no mundo mulher
Amor sem fim sensual
Enganado?

Talvez seja somente
O meu espírito
Guerreando-se.

57

Nome no jardim
Semente
Rosto na enseada
Agitado
Coração no espelho
Decidido.

58

Sou
Mulher
Sou

Não me iludas
Sou e ele sabe
Ele esperará.

Ele quer-me feliz e certa
Quer-me brilhando à chuva
Na tempestade
Meu cabelo
Eletricamente endoidecido.

Quer-me na montanha
Abraçando o vale profundo
Quer-me certa de amar, de paixão

Quer-me fantasticamente viva.

Sou mulher
Que brilha agora e sempre
Sou eu obcecadamente
Dançando florida
Sublime
Aquecendo as flores
Com as minhas mãos
Sem tocá-las
Pétala a pétala
Véus cobrindo-as, invisíveis
Tão delicadas elas são.

Espero em frente da porta e digo
Está aberta para ti
Para mim também
Sou a única
A criança que chora
A mulher calçando stilettos
Lendo poemas de amor.

Sou a mulher que escuta
Corais ondulando nos prados
Eu sou
Atrevo a dizer
Quebrando o molde do passado
Receosa de ir e perder.

Sou mulher
Dotada de roupas que me adoram
Percorrendo passeios sem fim
De saltos altos soando confiante
Regando crisálidas a despontar
Gota a gota, de água desinibida.

Sou

Eu espalho lágrimas no espelho
Mas renasço mulher ao falar dele
Exsudo juventude, vapor
Enquanto percorro alamedas
Vibrando tremendamente
Como uma *gitana* do Sul.

Sou
Mulher
Sou

Hoje sinto e inquieto-me de tristeza
Amanhã sinto e irradio de felicidade.

Será que é possível
Este jeito dele?

Suave

A mão tocando
Meus dedos longos

Sorriso
Abrindo os meus lábios

Olhos
Aplacando corações

Corpo
Transformando-me
Num archote

Será que é possível
Esta maneira estranha

Uma palavra
Uma frase
Que ele termina
Discretamente

Passos
Que soam como os seus

Expressão
Que vejo sem ver o rosto

Desejo
Trazendo-me
O poder dele

Sei

Ele sabe

As palavras e vozes
Têm enchido o ar
De feitos de amor

Sou mortal e extraordinária
Reencontrei o mundo atarefado
Agora um pouco maior

E para ele
Habitando nele
Os meus milagres
São também agora
Conhecidos.

60

Oh!

Céu meu, nublado
primitivo
Revela-me os teus azuis
Dança, pés atados
Terra a terra.

Vem sozinha
Amor

61

Sol da manhã
Veludo fervente de fogo
Que estás fazendo
Será que podes
Fazê-la minha neste momento?

Tenho um segundo, não mais
Para abrir a chave do coração dela
E só tu lá no alto
Podes alcançá-la.

Dá-me um dos teus raios
Deixa-a vesti-lo.

Dá-lhe um abraço meu
Um daqueles de
Terça-feira
Torcidamente terno.

Vai com ela
Forte e segura
Aonde desejo é livre.

Trá-la de volta para mim
A forma delineada pelo perfil da serra
A auréola dela radiando
Tanto como a tua.

Trá-la de volta
Aqui, para a vida
Para momentos de ti
Raios de liberdade.

E diz-lhe que
De cada vez que ela fecha os olhos
Posso vê-la

E ela

Sentindo-me
Através do teu fervor.

62

Minha sensual, tu
Aonde estavas quando acordei para o amar?

63

Dez horas onze minutos
Cabeceando sonolento

Quem?

Não fui eu, foi o Sol!

Oh, coisa engraçada!

É um pouco azulado
Com um pouco de brancura.

Será que é um pedacito do céu
Pronto para te enviar?

64

Livre, finalmente

Ah criatura quão poderosa
Forte no amor e graça
Sente o espírito deslumbrante
Desafia-me frente a frente.

Sim

És presença adorável
Para ambos uma tormenta
Sem fogo
Vício incontido
Encoberto

Sou todo criação
Infindável amanhecer

Sê minha amiga
Meu silêncio

Tremores
Zumbidos
Deixem-me por favor.

Abraça sonhos
Jogo silencioso
Sem telhado
Sejas falcão pairando
Ou
Bâmbi inocente.

Sou, como vês
Meu único inimigo
Vibrante
Completo

Eu

Oculto por
Ventanias escuras
Vazias.

Tremo?

Não!

Amor
Minha querida
Amor
e
Livre.

Será que sou a sombra do desafio
O lado arriscado de ti
Aquele sempre escondido
Sugado seco até ao infinito?

66

Será que existe amor sem falsidade
Será que há maneira de lhe fugir?

Não

Neste pesadelo continuado
Entre amor e liberdade.

67

Que tem o amor a haver
Quando amamos a estrela errada?

68

Oh meu amor
Será que é possível
Viver para além de ti

Sem

A tua paixão
Abraços
Beijos
Devoção

E o não perdoar
E o desaparecer no
Ar rarefeito
Quando
Fazemos amor?

Será?

69

Inesperadamente
Debaixo do Sol
Este Sol Abril, refulgente
Sem sons no ar
Tanta monotonia

Somente pequenas feridas

Um cão ladrando
Uma mãe acalmando a filha - aborrecida
Uma janela fechando-se de perto
Uma campainha ressoando
- É um carteiro sem cartas, ela grita

Só o som do silêncio
Sendo quebrado.

Mas és tu que eu quero
Eu a ver o teu rosto
Precisando vida através de amor
Para cobrir o teu mundo

E o nosso desejo de ser.

70

Tantos momentos, murmúrios chorados
Ditos, esquecidos, por registar
Sendo, sendo, cada som, cada sentimento
Amor, dor, ausência de dor.

Chegada-partida
Sem voo, desaparecendo no horizonte
Ainda não é altura, o salto no tempo

É o absurdo da completude, funda e profunda
Explorando 'Avé Marias do Alto dos Prazeres'
Pairando livremente nos céus vazios.

A melodia do universo
O coração moldado
O meu amor mergulhando fundo
Sentidos perdidos dentro de ti
Liberta-me de acordar sozinho - lá de longe
Agradece-me, meus olhos abrindo, vendo-te
Eu-tu misturando em vão corpos-espíritos.

Queimando lava neste caldeirão
Sempre cheio até à berma, eternamente
Traz-nos esse nosso momento
Cativos dentro dessa nossa melodia.

O montão ao vento ampara-te

Mantém-te a par do mundo, meu amor
Escolhe uma cidade livre
A derradeira residência
Paredes no firmamento.

E eu, o sujeito de manchas sem fim
Imploro-te
Mostra-me o teu lado trémulo
O teu dia, a tua noite, a tua liberdade
Aquele pedaço penetrando fundo
Na fuga da morte.

Por favor, deixa-me ajudar a perderes-te
Deixa o tempo libertar-te do passado

Pára!

Em qualquer lado
Num lugar onde poderás melhor sentir
Os meus dedos, o meu olhar.

Ou dados lançando sortes
Uma maré e um barco
Girando num carrossel
Todos, ambos
Navegando longe
Tu a sorrir, sem parar.

Oh! Vê como a alma submerge
Sente os alicerces destas paredes
Em cada uma
Um único amor, um último cais

Imenso infinito.

O berço... lembras-te do início

A cama... amantes inocentes
A mulher... o mundo ao vento?

Sonhadores sonham
Sonhos dourados.

73

Na madrugada, os sinos soam duas vezes
E o cabelo dela desvela-se ao vento
Não veio naquele dia
Não veio naquela noite
Será que era uma sombra
Ou tão somente
Uma princesa de um conto de fadas?

74

Água, vento
Remoinhos tocando o chão
Almas jogando à sorte e azar

Berços
Leitos
Deixados sozinhos, vazios

Desamparados
Imagens, paixões

Um único inimigo

O que não podes ver
Só palavras podem unir
Duas almas.

75

Quero o teu amor
O meu há tempos que está contigo

Amor

Dá-me as tuas mãos
Sente o meu corpo
Vê como é lindo.

Fecha os olhos agora
Vejo-te, sorris

Eu sei
Que ainda me vês.

76

Oh conjugação triangular
Consumindo as entranhas
Por detrás de uma lua gelada
Na certeza já enlouquecido
Desejo, paixão, ternura
Por favor, Santo-Deus
Ajuda-me

A voltar a pisar o chão
Deixando o vulcão explodir
Vem
Deixa-me beber dentro de ti
E engravidar deste amor.

77

Vida acordada
Não espera por nós
O tempo também
Lugares no escuro
Claridade no espaço
Ninguém
Tu!

78

Vi uma flor
Estava dormindo

Veio com o vento
A chuva em vão
Tentou deitar as pétalas
Para o chão.

Vi a rosa
Tinha as cores do coração
Um aroma sublime
Fechei os olhos.

Um toque levou o meu sonho
A rosa sorriu-me
Não percebi porquê
Sem mais, disse-me adeus.

Nada aconteceu depois

A escuridão cobriu a noite
Mas
Sempre que acordei
O meu corpo exalava
O perfume fresco da flor.

79

As sombras daqueles que passam ao nosso lado

Traçam linhas, formas, silhuetas

Elas vão

Será que vieram alguma vez?

Só os pedaços deixados por de trás

Uma palavra
Um toque
Um murmúrio

Ou uma vida... mas como

Se as formas não permaneceram lá?

Alô, Mary Ann

Como está a nossa floresta hoje?

O vento através das folhas
Um momento de silêncio
Um rastejo em qualquer lado
Um restolho de perto
Não! Relaxemos

Talvez um passarinho
Salpicando as asas numa poça
Às vezes parando fazendo-se de estátua
Um tique, cabeça erguida
Inclinada para a direita, depois para a esquerda
Apanhado,
Ridículo naquele olhar
Um olho só a fitar
Que somente um passarito pode criar.
Relaxados outra vez, estamos
Um segundo mais, mais ou menos

E no ar

Contra o lado brilhante de algumas nuvens
Milhares de estorninhos repuxando
Corrigindo o alfabeto
Uma vez e outra vez mais, sem parar.

Sem conta possível
Voam para trás e para diante
Abrindo e fechando o dicionário
Em constantes círculos de arrepiar
Sem sucesso de cada vez, em demasia
Nunca satisfeitos com a caligrafia.

Santo Deus! Maravilha!
Para o nosso prazer.

Este poema é a minha dedicatória a Mary Ann que editou os poemas em Inglês.
Ela vive em Seattle, USA.

Outros poemas e estórias pequenas.

81

Quatro pedras apertadas
Ruidosas

Murmúrios contidos

Quatro jóias velhas
Enterradas

Rasteiras na areia
Um lugar de silêncio

Passado

Vibrações mortas nunca vistas

E cruzadas por quereres e espaços
Tragicamente misturadas

Quatro pedras apertadas.

82

Sem casa e dormindo nas ruas

1969
1971
1972
1974
1976
2001
2002

Triste e doente
Pago com a vida
Ainda sinto no ventre
O bolor da comida (1969).

15 minutos de caminhada até à *Casa do Rei* - 2007

Caminhei no meu tempo por selvas equatoriais
Hoje não cruzo folhas transparentes, não há sombras
O asfalto branco brilhante, o Sol baixo do Levante
Um construtor, dois cones deixado por detrás
Um buraco na rua, reparado ontem
O chorão pela *Entrepresa*
Parte dum centro de negócios

Uma rua sem nome
O dentista também
Criminoso
Legalizado

O *Apolo*, bar Inglês
Fechado com grafiti
Um foguetão sem rumo
Publicidade no telhado a cair
Afogado por valetes Polacos
Lavando à mão
Carros parqueados

A clínica médica por detrás dos arbustos
O contentor de lixo vazio
Sanitários portáveis
Uma esquina, cruzamento de zebra
Lojas confusas
Passeios sujos, por multar

Ferramentas e máquinas p'ra alugar
Esperanças na paragem de autocarros
Motorizadas nas montras
Bate-chapas nas traseiras
Macacões verdes
A chamar.

Diamantes desenhados
Lei & Filho
A loja do faz-você-mesmo
Anúncios de
Escavadeiras e Caterpillars

A grua ereta, ainda a mesma
De ontem e antes de ontem

O parqueamento escuro
Silencioso
Do centro comercial
São Jorge

Os

Edifícios *Rei e Rainha*

Finalmente
Uma sombra

Com a minha caminhada descrita

Fecho os olhos
Antes de ser filmado

Confirmado

Sou somente uma cara
Num cartão de identidade!

84

O gato sério

Dias gargalhando não são dias perdidos

"Tetris, onde é que estás?"

A dona chamou

O gato virou os olhos quando ela disse

"Tu e eu podemos ir lá fora
Passear"

O gato baixou a cabeça

Advinha o quê?

Quem foi o primeiro a cair
Quem foi o primeiro a adivinhar

Ela abriu a porta e chamou

"Vamos!"

Fazia chuva e sol ao mesmo tempo

'As bruxas estão a pentear-se!'
Disse ela

O gato sentou-se no alto das escadas

Esperando que a chuva parasse

A dona disse, do rés-do-chão

"1,2,3

Prepara-te, pronto, partir!"

E saiu porta fora
Mais depressa do que devia
Escorregou

Sem poder travar
Deslizou caindo no passeio molhado
Arrebentando a dita

"Raios ta paaaartam!"

Enquanto o gato disse

"Perdão minha amiga, não vou

Não sou um gato desse género."

Miliciano Chinês
General

Amigo de peito
Comandas os meus passos
Neste escritório frio

Onde está o teu rosto?

Conheci-te velho
Letrado
Ciciando sem demora
Nunca em vão

Ouço

Amigos
De perto
Inimigos
Ainda mais

Amigos
De perto
Inimigos

Ainda mais

Revela-me a tua cara
É ela velha
Sábia?

Sim
Sempre

Bebé de dia
Velho à noite

Amigos
De perto
Inimigos
Ainda mais.

Toque-toque pica-pau, toque-toque

O som irrita o meu nariz, olho para cima para ver,
é um pássaro danado com um relógio pendurado
saltitando feliz
numa perna avermelhada a outra arregaçada.

Tem um olho torto colado numa pena do rabo
Enquanto o outro, atrevido, não pára de piscar

'Mas que pássaro lá no alto mais fingido! Goza, goza meu petiz...'
e ele assim fez

Esticando a asa esquerda para mim
quase que me apanhou por um triz.

Apontando para baixo sem esperar pela minha vez
fez-me agitar,
para cima e para os lados, a palma da minha mão.
Todo tonto e deslumbrado, disse-lhe bem arreliado

"Pára o relógio do tempo ou prendo as tuas asas c'uma pega da roupa."

E então sem esperar mais, acrescentei

"Pára o relógio ou meto o teu coração num ponto de exclamação."

Mas o pássaro alegremente enxotou-me de vez.
Apanhando-me incauto, ai ai, picou-me o dedo mindinho.
Saltei para trás surpreendido
e quase cai de joelhos, mas fiquei quietinho.
Zangado e atrapalhado, contei até três.

"Pára, pára, desisto..."

Foi isto o que aconteceu... meu amigo... foi

Um toque
Que me fez ver
Um pássaro numa perna só
Estava a exibir-se
Foi mal para mim
Tentar pará-lo com uma pega

Quis pôr o coração dele num ponto de exclamação
Mas em vez, dobrou-me um joelho
Até que parei e falei com o fedelho

Por favor, acabe com o drama
Ou terei de chamar
O meu anjo predileto
Que dorme debaixo da minha cama
Que é pequena, mas muito seleta[3].

---

[3] O poema, 'Pesadelo de uma criança', passa-se num hospital em Londres, depois de ele ter sido atropelado. O original em Inglês foi corrigido por Elizabeth de Greenwich, mãe da criança de dez anos de idade.

www.ingramcontent.com/pod-product-compliance
Lightning Source LLC
Chambersburg PA
CBHW030957240526
45463CB00017B/2758